Tracey Corderoy
Ilustrado por Kate Leake

¡NUNCA digas NO a una Princesa!

La pequeña princesa siempre llevaba una tiara grande y **brillante.**
Dormía en una cama grande y **reluciente.**

Su armario, grande y **esplendoroso** estaba hasta arriba de vestidos **maravillosos** y su caja de juguetes rebosaba de juegos y muñecos **geniales.**

Ya veis, la pequeña princesa tenía todo lo que quería,
pero nada parecía hacerla sonreír.

—¡Helado! —gritó—.
¡Quiero helado ahora!
Y más vale que esté bueno o... ¡lloraré!

—¡Rápido! —dijo su papá (que estaba muy ocupado siendo rey)—.
¡O llorará!

Así que de las cocinas reales le llevaron helado y más helado, pero la pequeña princesa siempre tenía alguna queja...

—Demasiado **pegajoso...**

¡gotea mucho!

¡puaj!

—¡Demasiado **rosa!** —exclamó—. Y además ¡habéis olvidado los *toppings* de colores!

—¡Ponis!
—bramó la pequeña princesa—.
¡Quiero ponis **ahora**! Y que sean
bonitos o... ¡lloraré!
—¡Rápido! —dijo su mamá
(que estaba muy ocupada siendo reina)—.
¡O llorará!

Así que, desde los establos reales, fueron llegando ponis y más ponis, pero la pequeña princesa no hacía más que sacudir la cabeza.

—Demasiado **alegre**... demasiado **brillante**... ¡puaj!, ¡demasiado **dulce**! —sollozaba.

—¡Y ese de ahí haciendo ballet, es un presumido!

Entonces, una mañana, a la hora del desayuno,
un gran dragón verde pasó por allí…

—¡Dragón!
—gritó la pequeña princesa—.
¡Quiero ese dragón **ahora**!
¡Atrapadlo! ¡Traedlo!
¡Ahora, **ahora**, **ahora**!
O… ¡lloraré!”

—¡Rápido! —dijeron
los sirvientes reales—.
¡O llorará!

slup, slup, slup,

Los cazadores reales lo intentaban pero el dragón no se dejaba atrapar.

Así que la pequeña princesa
echó la cabeza hacia atrás,
respiró profundamente...

. . . y ¡lloró!

A la hora de la comida, un río de resplandecientes lágrimas discurría por el reluciente palacio...

A la hora del té ya era un océano...

Y, cuando tocaba irse a dormir, el palacio hizo...

¡pop!

Splash hacían las aguas bravas
mientras arrastraban a la pequeña princesa
muy, muy lejos de casa...

Se encontró a sí misma completamente
sola en un tenebroso bosque.
Con su tiara torcida. Su vestido hecho jirones.
Nunca había estado tan poco reluciente.
—¡Oh! Quiero a mi mamá y a mi papá
—susurró la pequeña princesa.

Y entonces escuchó un ¡ziush! ¡ziush!
en el oscuro cielo nocturno.
El aire sobre su cabeza se volvió más cálido.
Y allí, bajando desde las brillantes
estrellas, apareció...

… ¡el dragón!

—¡**Dragón!** —bramó la pequeña princesa—. ¡Llévame con mamá y papá!

El dragón levantó una ceja.

—¿Cuáles son las palabras mágicas?

La pequeña princesa pensó por un momento.

—Ah, sí —dijo—. ¡Llévame con mamá y papá **ahora**!

—Esas no son las palabras mágicas —dijo el dragón.

—Entonces —dijo la pequeña princesa— ¡Voy a **llorar**!

Y eso hizo.

El dragón secó sus lágrimas con una ráfaga de aire caliente de su nariz.

Después voló hasta su cueva y cerró la puerta.

La pequeña princesa estaba perpleja.
¡Llorar siempre funcionaba!
Se preguntaba cuáles serían las palabras mágicas.

Entonces se acordó de unas palabras que había escuchado hacía mucho tiempo.

De puntillas, llegó hasta la cueva del dragón y llamó a la puerta.

—¿Me lle–llevarías con mi ma–mamá y p–p–papá, POR FAVOR?

—susurró la pequeña princesa.

—¡Por supuesto! —sonrió el dragón—Pero primero debes secarte y entrar en calor.

El dragón soltó una llamarada deslumbrante y se acurrucaron en torno a la luz dorada de la hoguera hasta que la princesa se sintió mucho mejor.

—¿Hora de irse a casa?

—preguntó el dragón.

—Sí, por favor

—dijo la pequeña princesa.

AL
PALACIO

Así que volaron de vuelta a través
de la noche **estrellada**.

Cuando la pequeña princesa despertó, el dragón ya se había ido pero su mamá y su papá estaban **muy** contentos de verla.

—Oh, pero cariño… —murmuró la Reina—. ¡No tenemos **ninguna cosa reluciente** para ti!

El lacayo real tosió educadamente y le dio un catálogo.

—Los favoritos de su majestad —dijo con una reverencia—.

¡Cosas relucientes para princesas!

—¿Qué te gustaría tener?—preguntó el Rey—,

¿collares?

¿carruajes?

¿zapatos divinos?

Pero la pequeña princesa no parecía muy contenta.

—Me gustaría invitar a un amigo a jugar, por favor—dijo la pequeña princesa.

—¿Un amigo? —dijo el Rey.

—¿Un amigo? —dijo la Reina—. ¡Pero si las pequeñas princesas más cercanas están muy, muy lejos!

—Es un amigo especial —dijo la pequeña princesa.

Escribió una invitación con su
mejor caligrafía…

… y un sirviente real partió
para entregarla.

El amigo especial de la pequeña princesa no era lo que el Rey y la Reina esperaban, además sus modales en la mesa dejaban mucho que desear. Pero, mientras tomaban su reluciente té el Rey se fijó en algo extraño.

—¿Crees qué... —dijo a la Reina— nuestra pequeña princesa parece **distinta?**

—¡Cielos! —dijo sorprendido— ¡Tienes razón! ¿Está...? **¡No!**

—¡Sí! —exclamó el Rey—. ¡Lo está! ¡Está **sonriendo**!

¡Y la pequeña princesa

siguió sonriendo durante todo el día!

© Ediciones Jaguar 2015
www.edicionesjaguar.com
Calle Laurel, 23, 1°
28005 Madrid
España

Traducción: Merme L'Hade

Text copyright © 2012 Tracey Corderoy
Illustrations copyright © 2012 Kate Leake
First published in 2012 by
Alison Green Books
An imprint of Scholastic Children's Books

ISBN: 978-84-16082-90-2
Depósito legal: M-9813-2015

Impreso en España.

Para Eve, con cariño. T.C.

Para mi muy reluciente prima Tala. K.L.